Impressum
Verlag: BABADADA GmbH, Nedderfeld 112 , 22529 Hamburg
Geschäftsführer / Verlagsleitung: Harald Hof
Druck: Books on Demand GmbH, In de Tarpen 42, 22848 Norderstedt

Imprint
Publisher: BABADADA GmbH, Nedderfeld 112 , 22529 Hamburg, Germany
Managing Director / Publishing direction: Harald Hof
Print: Books on Demand GmbH, In de Tarpen 42, 22848 Norderstedt

baba
l'école

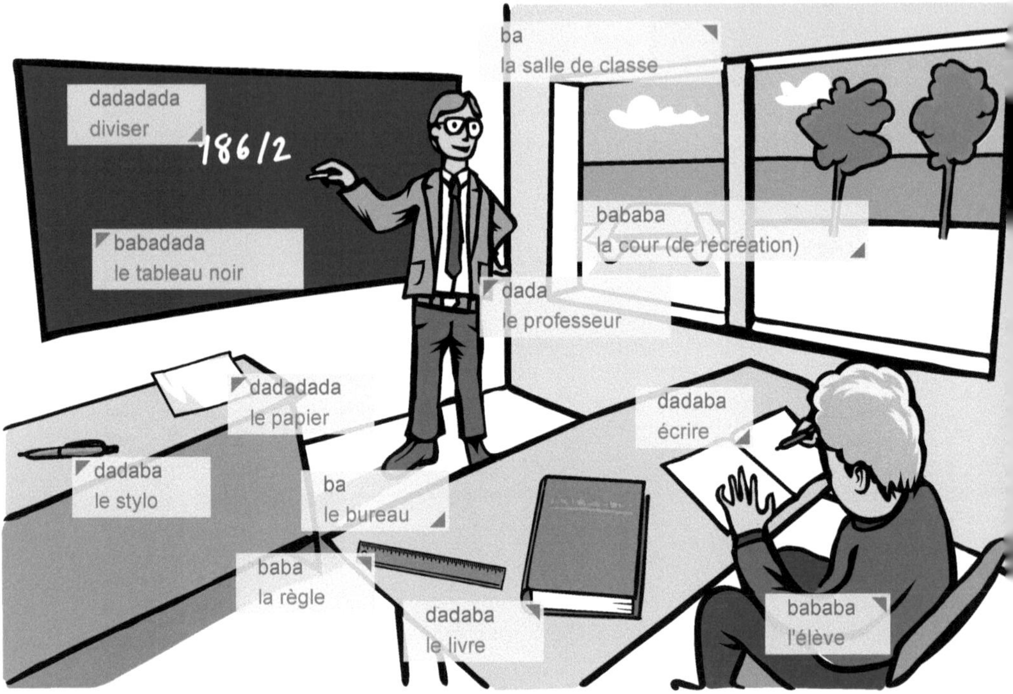

ba
la salle de classe
dadadada
diviser
186/2
babadada
le tableau noir
bababa
la cour (de récréation)
dada
le professeur
dadadada
le papier
dadaba
écrire
dadaba
le stylo
ba
le bureau
baba
la règle
dadaba
le livre
bababa
l'élève

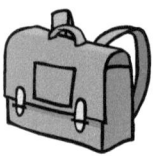

dadaba
le cartable

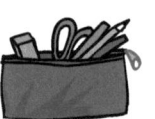

dada
la trousse

bababa
le crayon

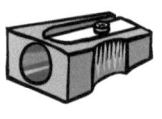

dadaba
le taille-crayon

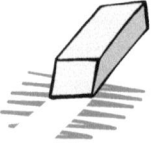

baba
la gomme

ba
le carnet à dessin

bababa

le dessin

ba

le pinceau

dada

la boîte de peinture

babadada

les ciseaux

dadaba

la colle

dadadada

le cahier d'exercices

babadada

les devoirs

12

bababa

le chiffre

2+2

dadaba

additionner

5-2

bababa

soustraire

2×2

badada

multiplier

dadababa

calculer

A

bababababa

la lettre

**ABCDEFG
HIJKLMN
OPQRSTU
VWXYZ**

babababa

l'alphabet

hello

dada

le mot

babadada

le texte

dadadada

lire

dada

la craie

bababab a

la leçon

ba

le livre de classe

baba

l'examen

babababa

le certificat

babadada

l'uniforme scolaire

babababa

la formation

dadababa

le lexique

babababa

l'université

dadababa

le microscope

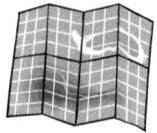

bababa

la carte

babadada

la corbeille à papier

baba

le voyage

Grand
babadada
l'hôtel
dadaba
l'auberge
ROOMS
EXCHANGE
dadadada
le bureau de change
dada
la valise
ado
la voiture

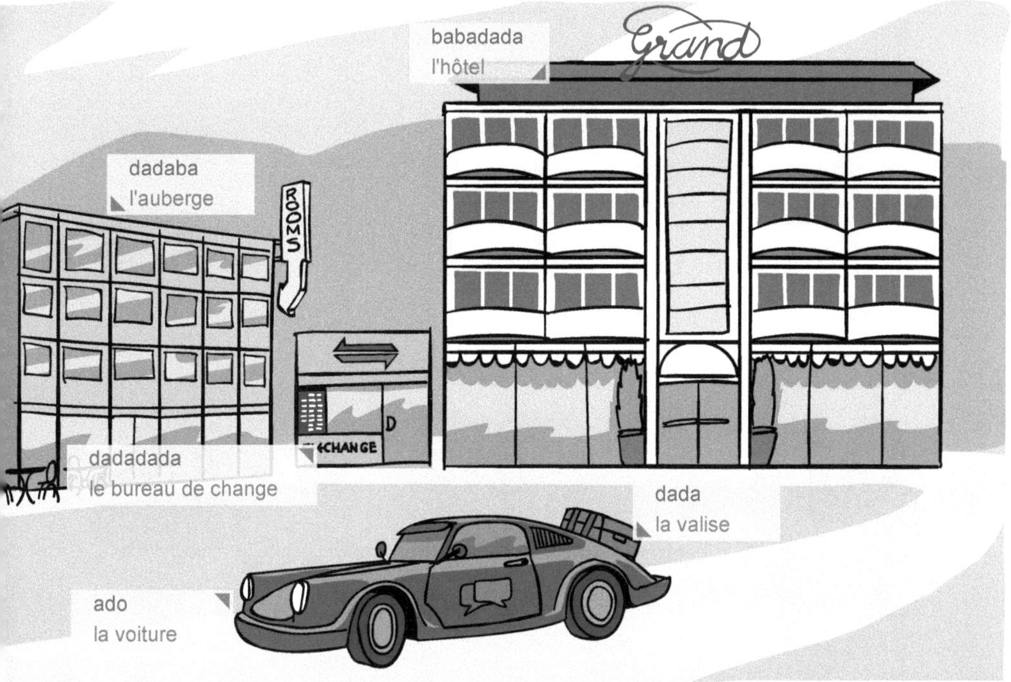

dadadada

la langue

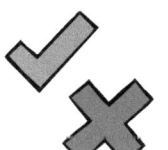

da / meh

oui / non

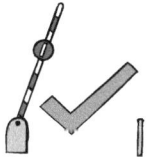

Oh

d'accord

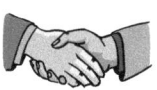

ba

Salut

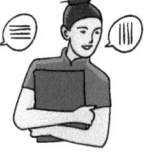

dada

l'interprète

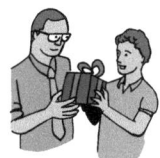

dada

merci

babababa

Combien coûte...?

ah

Je ne comprends pas

dadaba

le problème

ba dada

Bonsoir !

babadada

Bonjour !

heia!

Bonne nuit !

dadaba

Au revoir

badada

la direction

dada

les bagages

babababa

le sac

babababa

le sac-à-dos

baba

l'hôte

dadadada

la pièce

dadadada

le sac de couchage

dada

la tente

dadadada

l'office de tourisme

badada

la plage

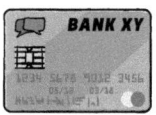

babadada

la carte de crédit

dadababa

le petit-déjeuner

baba

le déjeuner

bababa

le dîner

dada

le billet

dada

l'ascenseur

babadada

le timbre

badada

la frontière

dadaba

la douane

babadada

l'ambassade

dadaba

le visa

dada da da da

le passeport

dadadada
le transport

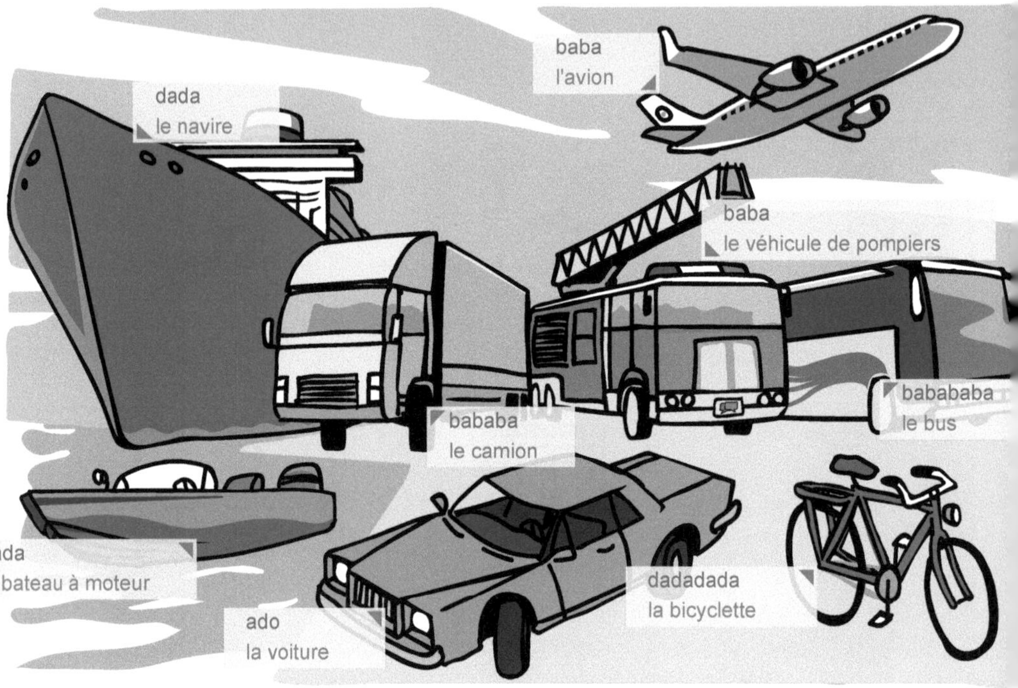

baba
l'avion
dada
le navire
baba
le véhicule de pompiers
bababa
le camion
babababa
le bus
ada
bateau à moteur
dadadada
la bicyclette
ado
la voiture

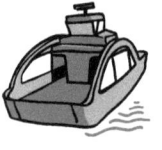

babadada

le ferry

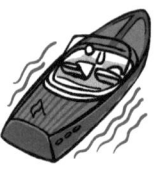

baba

la barque

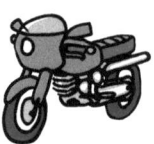

bababa

la moto

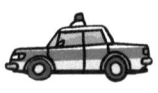

ado

la voiture de police

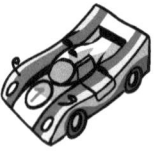

ado

la voiture de course

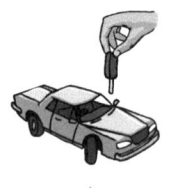

auto

la voiture de location

dada

l'auto-partage

ado

la voiture de remorquage

ado

la benne à ordures

brumbrum!

le moteur

bababa

l'essence

dada

la station d'essence

dadaba

le panneau indicateur

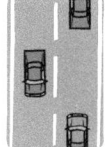

badada

le trafic

ado ado

l'embouteillage

babadada

le parking

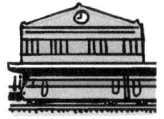

babababa

la garc

dada

les rails

dadaba

le train

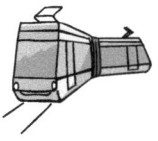

baba

le tramway

dadaba

le wagon

baba

l'hélicoptère

baba

l'aéroport

dadaba

la tour

baba

le passager

badada

le conteneur

dada

le carton

baba

le chariot

dadadada

la corbeille

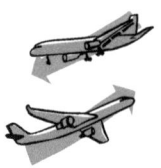

da / bada

décoller / atterrir

dadaba

la ville

bababa

le village

dadababa

le centre-ville

dadaba

la maison

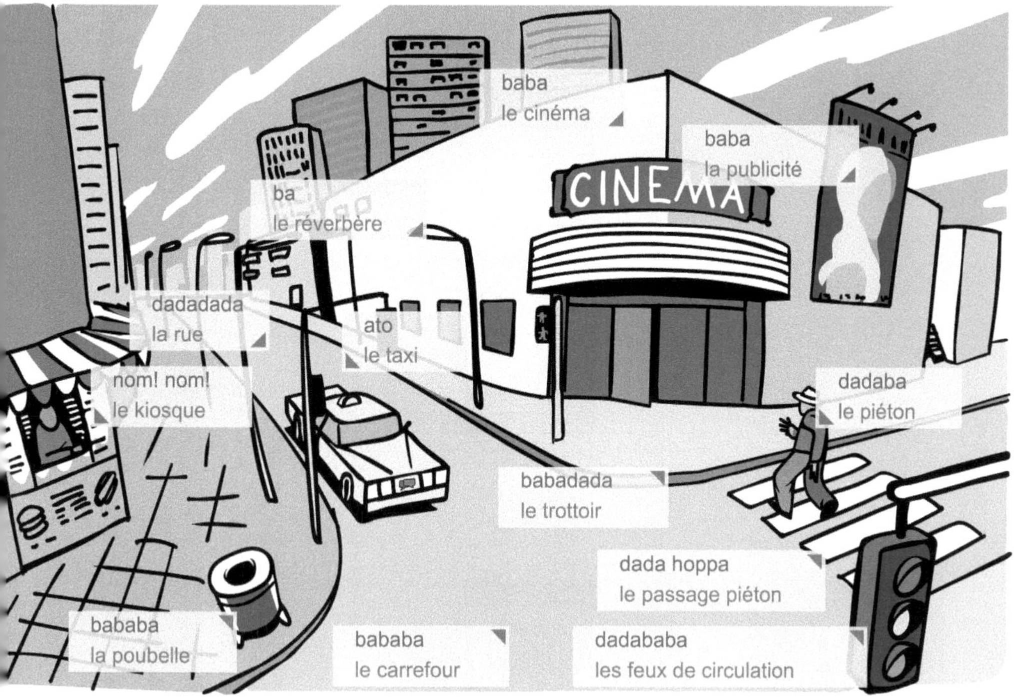

baba
le cinéma
baba
la publicité
CINEMA
ba
le réverbère
dadadada
la rue
ato
le taxi
nom! nom!
le kiosque
dadaba
le piéton
babadada
le trottoir
dada hoppa
le passage piéton
bababa
la poubelle
bababa
le carrefour
dadababa
les feux de circulation

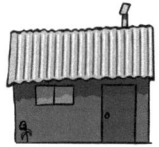

babadada

la cabane

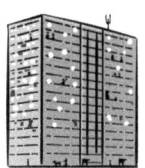

dadadada

l'appartement

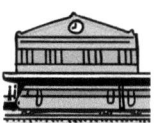

babababa

la gare

dadaba

la mairie

MUSEUM

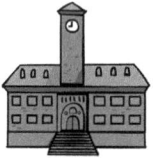

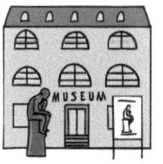

bababa

le musée

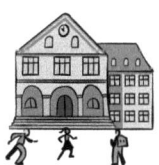

baba

l'école

bababab

l'université

dadadada

la banque

aua!

l'hôpital

babadada

l'hôtel

aua!

la pharmacie

baba

le bureau

bababa

la librairie

ba

le magasin

dadaba

le fleuriste

dada nom nom

le supermarché

dadadada

le marché

dadadada

le grand magasin

nom! nom!

la poissonnerie

baba

le centre commercial

ba

le port

dadadada

le parc

baba

la banque

babababa

le pont

dadadada

les escaliers

bababa

le métro

baba

le tunnel

ba

l'arrêt de bus

babababa

le bar

nom nom!

le restaurant

dadaba

la boîte à lettres

dada

le panneau indicateur

baba

le parcmètre

bababa

le zoo

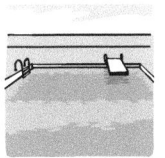

dada

le réverbère

baba

la mosquée

dadaba

la ferme

dadababa

la pollution

bababa

la cimetière

ba

l'église

dadababa

l'aire de jeux

bababa

le temple

dada

le paysage

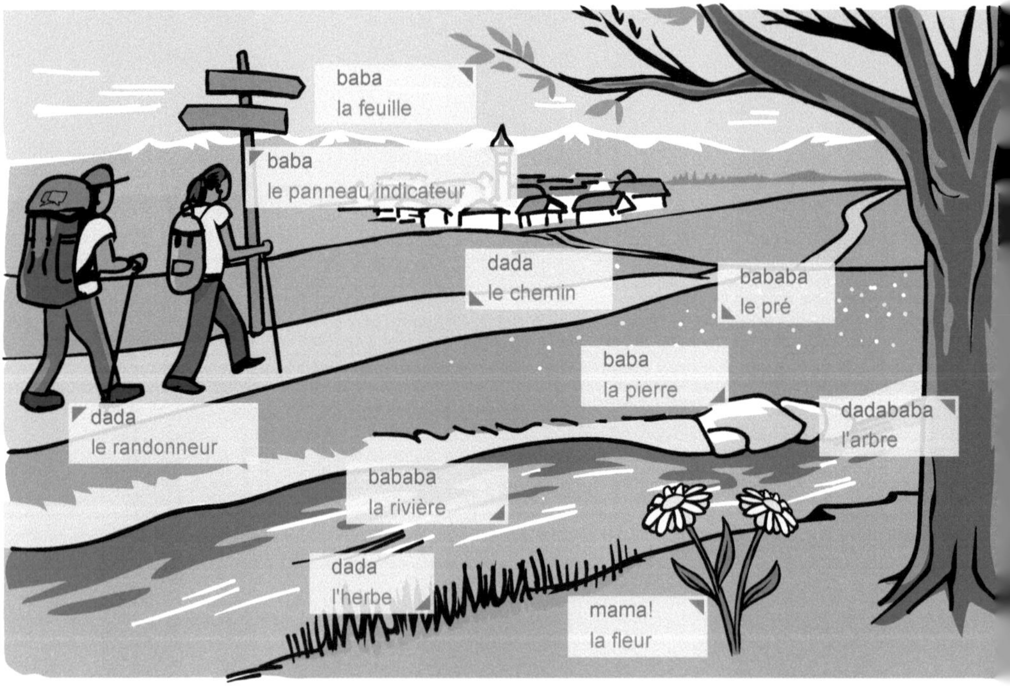

baba
la feuille

baba
le panneau indicateur

dada
le chemin

bababa
le pré

baba
la pierre

dadababa
l'arbre

dada
le randonneur

bababa
la rivière

dada
l'herbe

mama!
la fleur

badada

la vallée

bababa

la montagne

dadadada

le lac

dadadada

la forêt

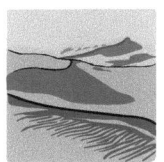

dadababa

le désert

dadaba

le volcan

babababa

le château

dadaba

l'arc-en-ciel

bababa

le champignon

dadababa

le palmier

aua!

le moustique

badada

la mouche

dadababa

les fourmis

summ summ

l'abeille

dada

l'araignée

dadaba

le coléoptère

quak

la grenouille

dadababa

l'écureuil

dadaba

le hérisson

baba

le lièvre

gackgack

la chouette

gackgack

l'oiseau

gackgack

le cygne

babadada

le sanglier

dadadada

le cerf

dadadada

l'élan

dadadada

le barrage

ba

l'éolienne

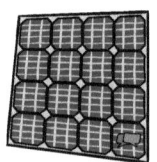

dadadada

le panneau solaire

bababa

le climat

nom nom!

le restaurant

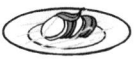

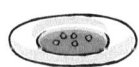

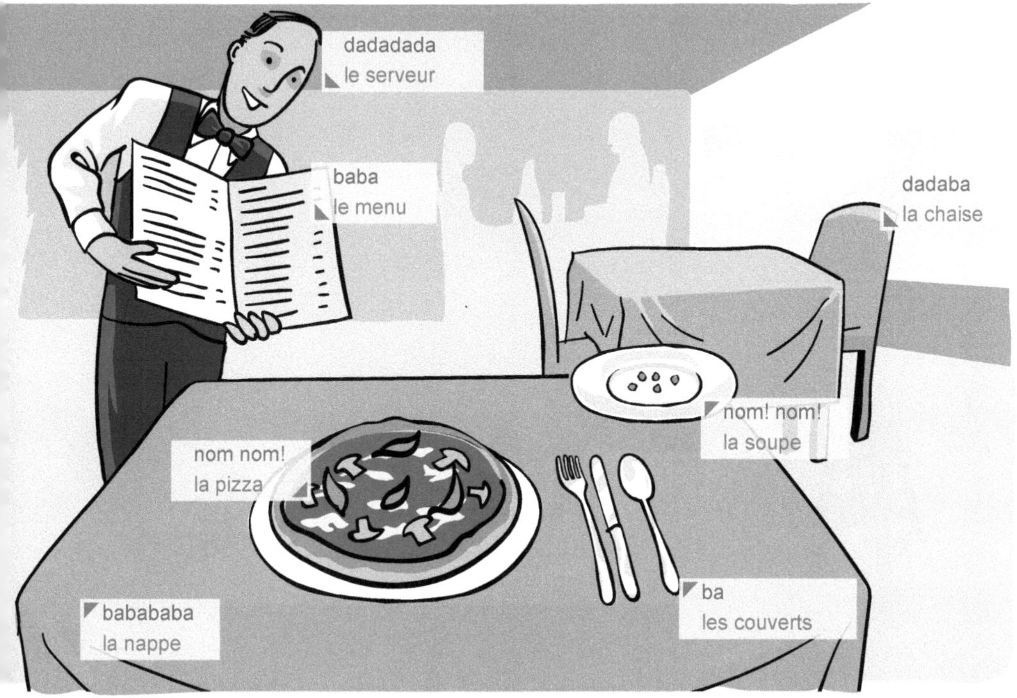

dadadada
le serveur
baba
le menu
dadaba
la chaise
nom! nom!
la soupe
nom nom!
la pizza
ba
les couverts
babababa
la nappe

nom! nom!
....
les hors d'œuvre

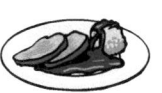

nom! nom!
....
le plat principal

nom nom!
....
le dessert

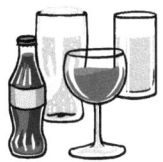

dadababa
....
les boissons

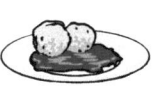

nom nom!
....
l'alimentation

nom nom!
....
la bouteille

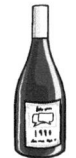

nom! nom!

le fast-food

nom! nom!

les plats à emporter

babababa

la théière

nom! nom!

le sucrier

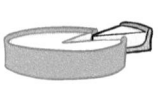

nom nom!

la portion

dadaba

la machine à expresso

bababa

la chaise haute

ba

la facture

bababa

le plateau

ba

le couteau

babadada

la fourchette

dadaba

la cuillère

bababa

la cuillère à thé

dadaba

la serviette

ba

le verre

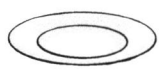

nom nom!

l'assiette

bababa

l'assiette à soupe

bababa

la soucoupe

nom! nom!

la sauce

dadadada

la salière

dadaba

le moulin à poivre

bähbäh

le vinaigre

dadababa

l'huile

dadababa

les épices

nom! nom!

le ketchup

nom! nom!

la moutarde

nom nom!

la mayonnaise

dada nom nom
le supermarché

dadababa
l'offre promotionnelle
FOR
dadaba
le client
dadaba
les produits laitiers
nom nom!
les fruits
baba
le chariot

BUTCHERS

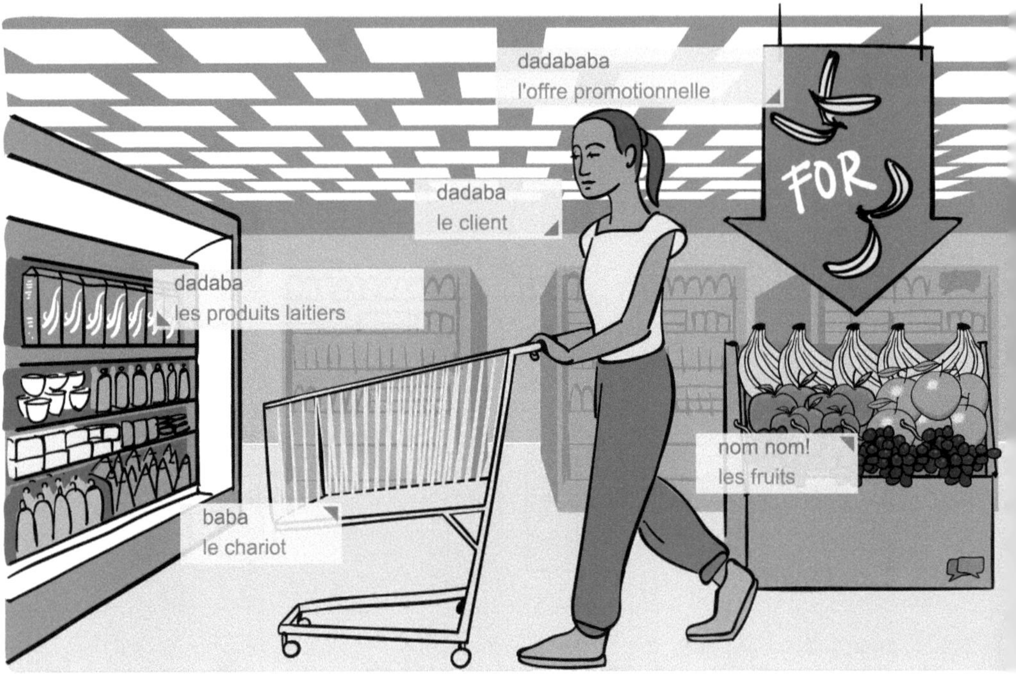

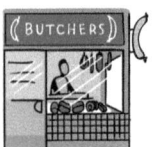

dadaba
la boucherie

BAKERY

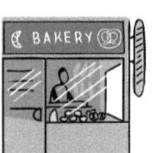

nom! nom!
la boulangerie

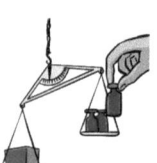

bababa
peser

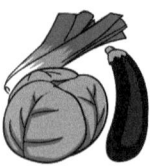

bähbäh
les légumes

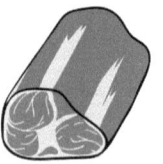

nom nom!
la viande

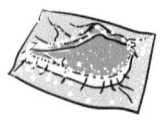

nomnom
les aliments surgelés

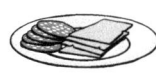

nom nom!

la charcuterie

nomnom

les conserves

bababa

la poudre à lessive

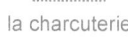

baba

les bonbons

dadaba

les articles ménagers

dadababa

les détergents

bababa

la vendeuse

bababa

la caisse

dadaba

le caissier

dada

la liste d'achats

dadababa

les heures d'ouverture

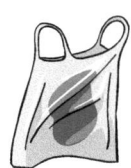

baba

le portefeuille

babadada

la carte de crédit

dadababa

le sac

dadababa

le sac en plastique

les boissons

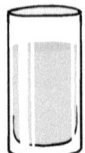

wasa

l'eau

dadadada

le jus de fruit

badada

le lait

ba

le coca

bababa

le vin

dadadada

la bière

dadaba

l'alcool

bababa

le chocolat chaud

dadababa

le thé

dada

le café

dadaba

l'expresso

dadababa

le cappuccino

nane
....
la banane

nom nom!
....
la pomme

bababa
....
l'orange

nom nom!
....
le melon

nom nom!
....
le citron.

bähbäh
....
la carotte

bada meh
....
l'ail

dadaba
....
le bambou

dadaba
....
l'oignon

nom nom!
....
le champignon

nom nom!
....
les noisettes

nom nom!
....
les pâtes

nom nom!

les spaghetti

nom nom!

le riz

nom nom!

la salade

nom nom!

les pommes frites

nom nom!

les pommes de terre rôties

nom nom!

la pizza

nom nom!

le hamburger

nom nom!

le sandwich

nom nom!

l'escalope

nom nom!

le jambon

nom nom!

le salami

nom nom!

la saucisse

gack gack

le poulet

nom nom!

le rôti

nom nom!

le poisson

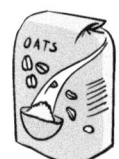

nom nom!

les flocons d'avoine

bähbäh

le muesli

nom nom!

les cornflakes

nom nom!

la farine

nom nom!

le croissant

babadada

les petits-pains

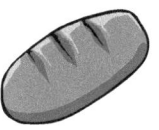

nom! nom!

le pain

nom nom!

le pain grillé

nom nom!

les biscuits

nom nom!

le beurre

nom nom!

le fromage blanc

nom nom

le gâteau

dadaba

l'œuf

nom nom!

l'œuf au plat

bada muh

le fromage

nom nom!

la glace

nom nom!

le sucre

baba summ

le miel

nom nom!

la confiture

nom nom!

la crème nougat

babadada

le curry

dadaba
la ferme

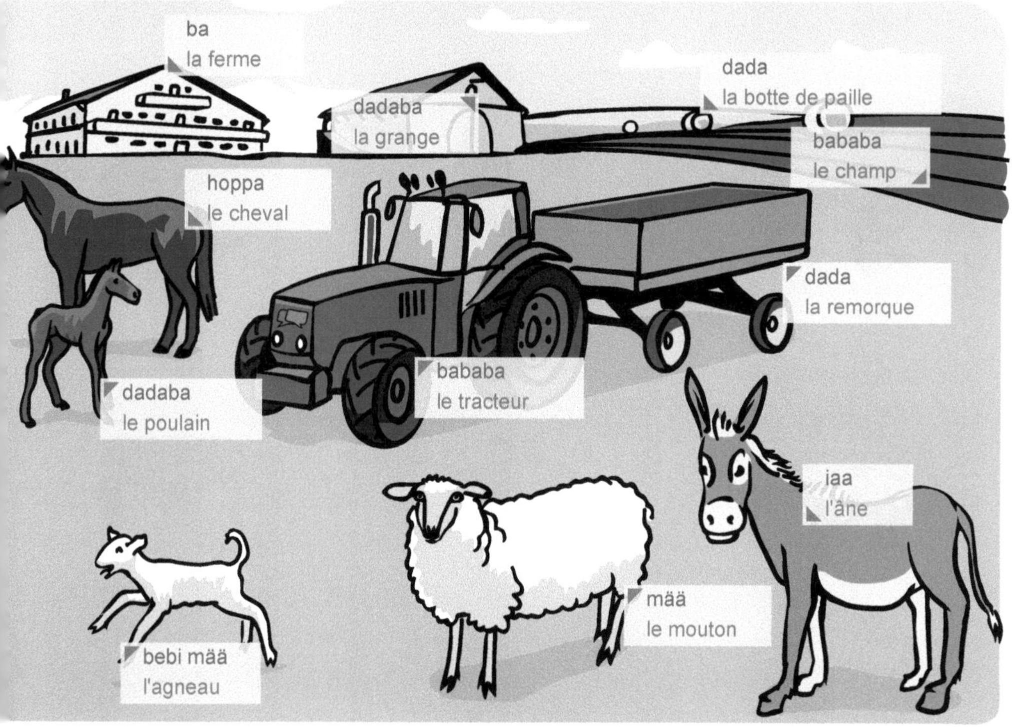
ba
la ferme
dadaba
la grange
dada
la botte de paille
bababa
le champ
hoppa
le cheval
dada
la remorque
bababa
le tracteur
dadaba
le poulain
iaa
l'âne
mää
le mouton
bebi mää
l'agneau

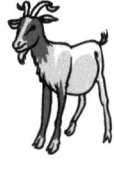

baba
....
la chèvre

muh
....
la vache

mimuh
....
le veau

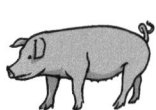

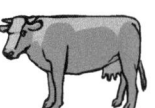

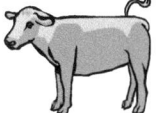

mama oink
....
le porc

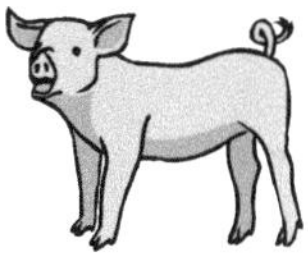

oink
....
le porcelet

dadadada
....
le taureau

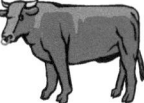

gackgack

l'oie

gackquack

le canard

gacki

le poussin

gackgack

la poule

gacko

le coq

dada

le rat

mau

le chat

bababa

la souris

muh

le bœuf

wauwau

le chien

wauwau

le chenil

baba

le tuyau de jardin

dadababa

l'arrosoir

baba

la faucheuse

dadababa

la charrue

baba

la faucille

dadadada

la pioche

dada

la fourche

bababa

la hache

babababa

la brouette

baba

la cuve

dada muh

le pot à lait

dadababa

le sac

badada

la clôture

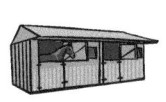

dadadada

l'étable

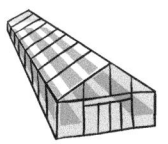

ba

le serre

babadada

le sol

baba

les semences

baba

l'engrais

dadababa

la moissonneuse-batteuse

bababa

récolter

dadadada

la récolte

dadaba

l'igname

dadababa

le blé

dadababa

le soja

bababa

la pomme de terre

badada

le maïs

bababa

le colza

bababa

l'arbre fruitier

dadadada

le manioc

dadababa

les céréales

dadaba
la maison

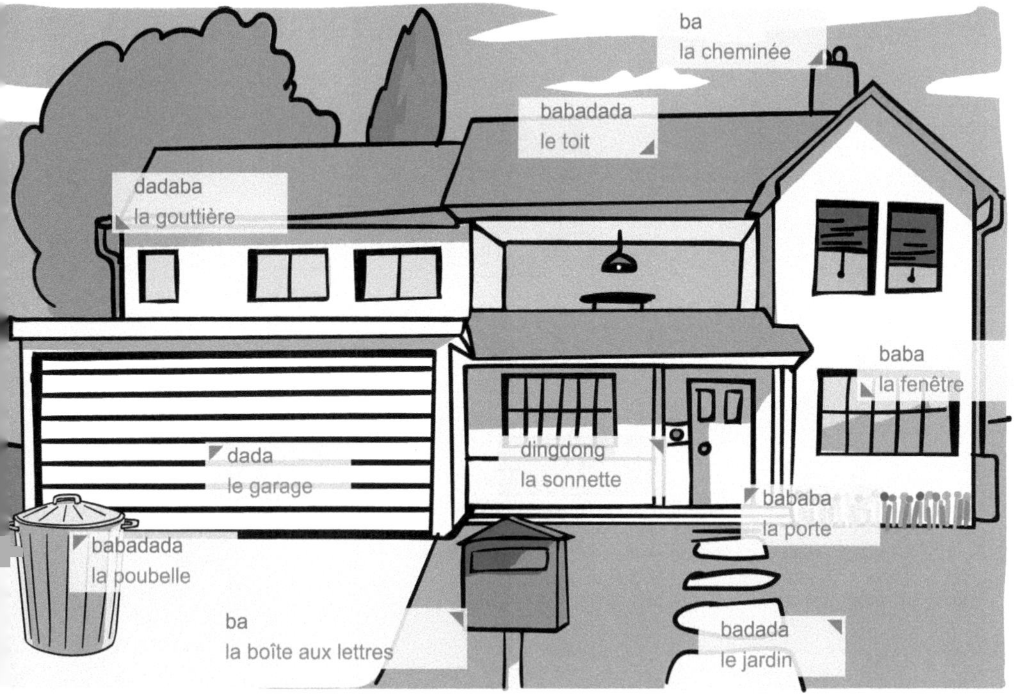
ba
la cheminée
babadada
le toit
dadaba
la gouttière
baba
la fenêtre
dada
le garage
dingdong
la sonnette
bababa
la porte
babadada
la poubelle
ba
la boîte aux lettres
badada
le jardin

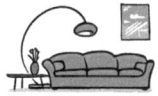

dadadada

le salon

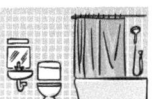

bababa

la salle de bain

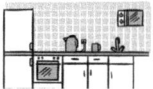

bababa

la cuisine

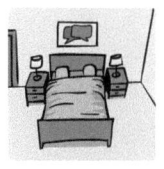

dadababa

la chambre à coucher

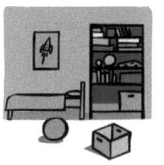

meina

la chambre d'enfant

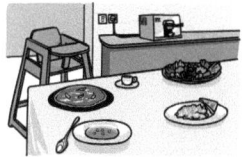

dadaba

la salle à manger

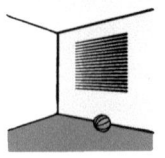

badada

le sol

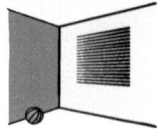

dadababa

le mur

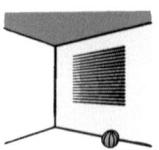

bababa

le plafond

dada

la cave

dadababa

le sauna

babababa

le balcon

dadadada

la terrasse

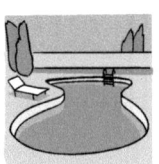

bababa

la piscine

baba

la tondeuse à gazon

dadaba

la housse

babadada

la couette

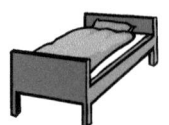

heia!

le lit

dada

le balai

dadaba

le sceau

dadababa

l'interrupteur

dadadada
le salon

dadadada
le papier peint
badada
l'image
badada
la lampe
dadadada
l'étagère
ba
l'armoire
dada gucki
la télé
dadababa
la cheminée
mama!
la fleur
baba
le coussin
dada
le sofa
dadaba
le vase
baba
la télécommande

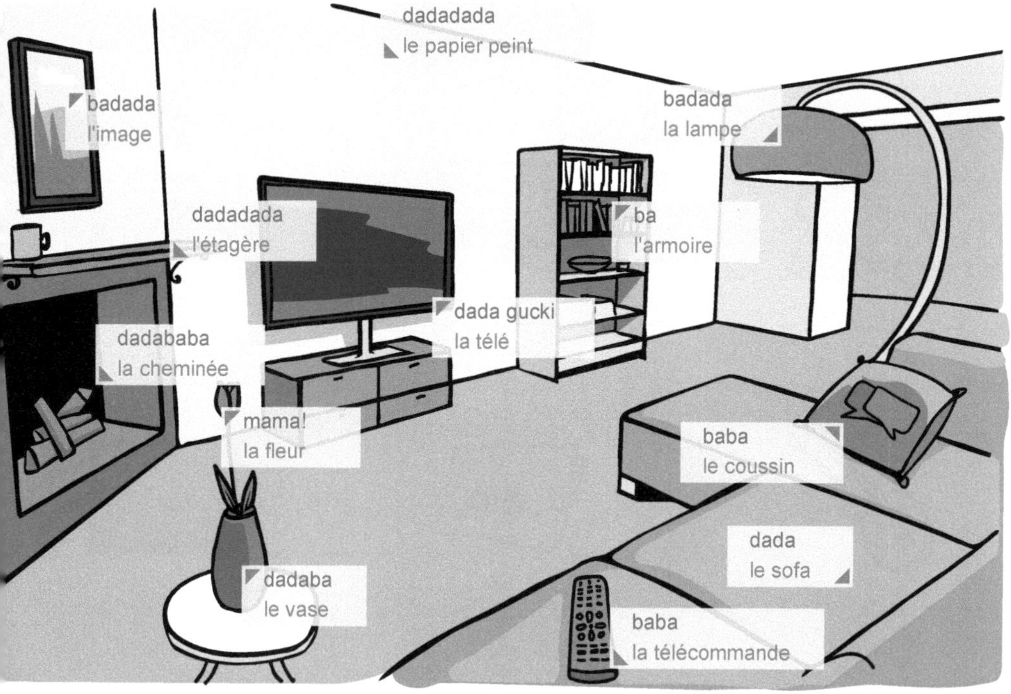

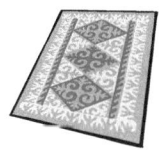

dada

le tapis

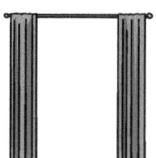

bababa

le rideau

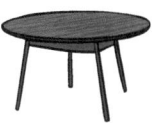

ba

la table

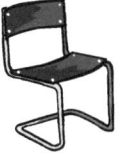

dadaba

la chaise

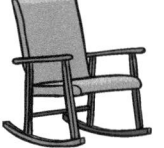

dadadada

la chaise à bascule

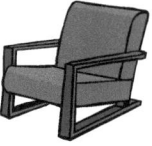

bababa

le fauteuil

dadaba

le livre

dadadada

la couverture

dadaba

la décoration

ba

le bois de chauffage

dadadada

le film

lala

la chaîne hi-fi

babadada

la clé

dadadada

le journal

dadadada

la peinture

bababa

le poster

lala

la radio

dadababa

le bloc-notes

babadada

l'aspirateur

aua!

le cactus

babadada

la bougie

bababa
la cuisine

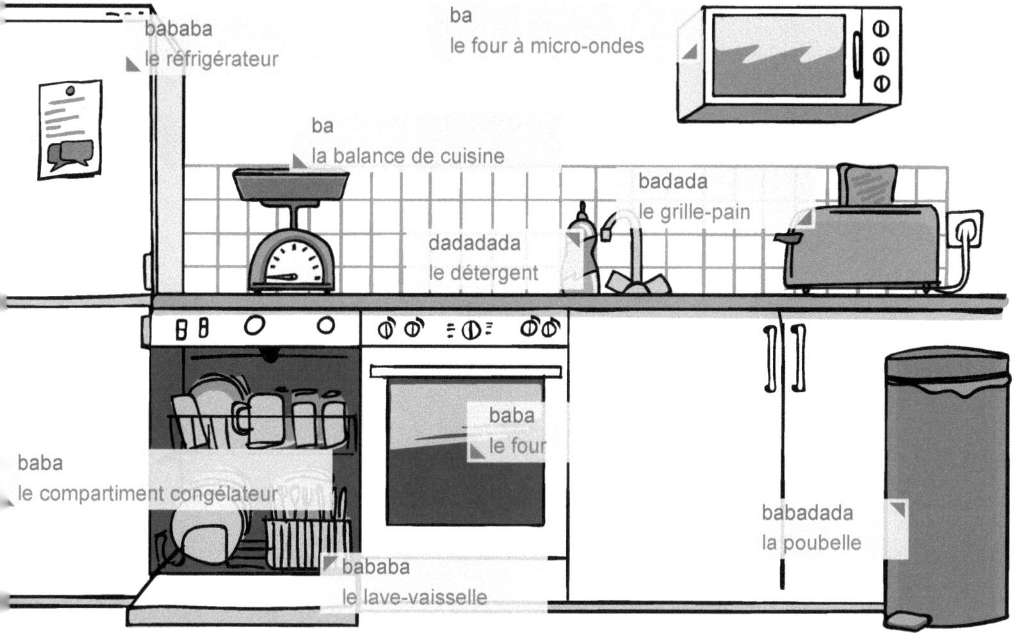
bababa
le réfrigérateur
ba
le four à micro-ondes
ba
la balance de cuisine
badada
le grille-pain
dadadada
le détergent
baba
le four
baba
le compartiment congélateur
babadada
la poubelle
bababa
le lave-vaisselle

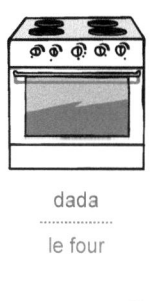

dada
....
le four

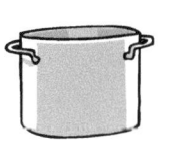

dada
....
la casserole

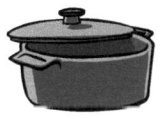

dada
....
la marmite

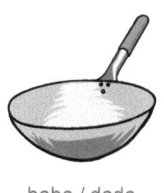

baba / dada
....
le wok / kadai

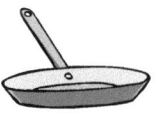

badada
....
la poêle

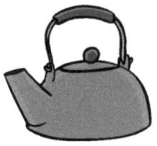

ba
....
la bouilloire electrique

dadababa

le cuiseur vapeur

bababa

la plaque de cuisson

dadaba

la vaisselle

dadadada

le gobelet

dadaba

la coupe

baba

les baguettes

dadaba

la louche

dadadada

la spatule

badada

le fouet

dada

la passoire

bababa

le tamis

baba

la râpe

dadababa

le mortier

dada

le barbecue

aua!

la cheminée

dadababa

la planche à découper

babababa

le rouleau à pâtisserie

dadababa

le tire-bouchon

dadadada

la boîte

bababa

l'ouvre-boîte

dadababa

les maniques

dadadada

le lavabo

dadababa

la brosse

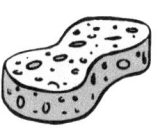

ba

l'éponge

aua!

le mixeur

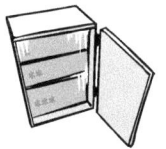

babadada

le congélateur

bababa

le biberon

dadadada

le robinet

bababa
la salle de bain

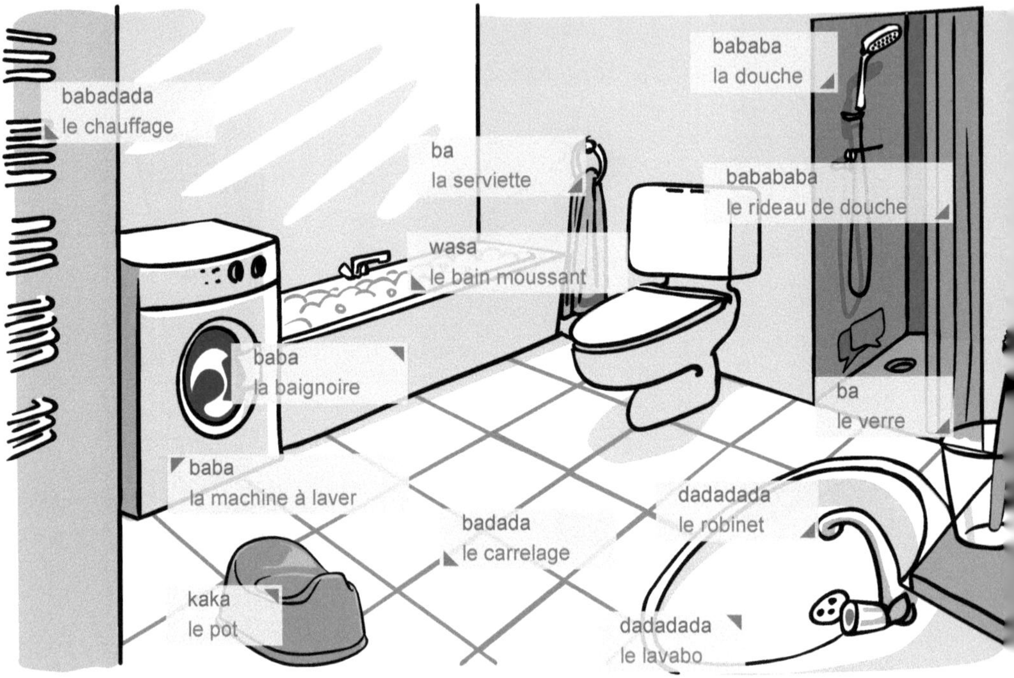
babadada
le chauffage
bababa
la douche
ba
la serviette
babababa
le rideau de douche
wasa
le bain moussant
baba
la baignoire
ba
le verre
baba
la machine à laver
dadadada
le robinet
badada
le carrelage
kaka
le pot
dadadada
le lavabo

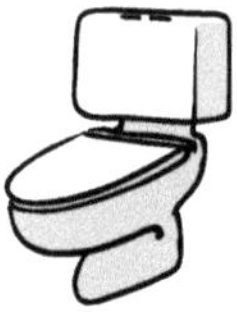

kaka
....
les toilettes

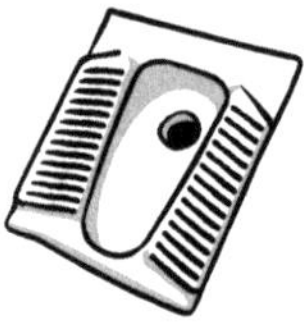

ba
....
la toilette à la turque

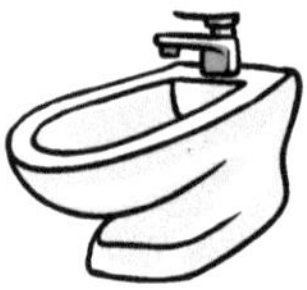

dadababa
....
le bidet

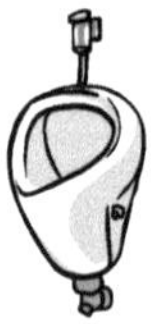

dadababa
....
l'urinoir

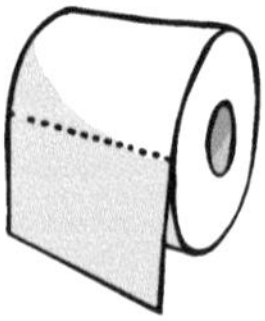

kaka
....
le papier toilette

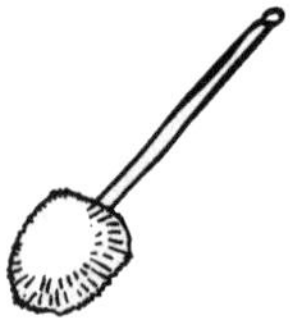

bababa
....
la brosse à toilette

bababa

la brosse à dents

nom! nom!

le dentifrice

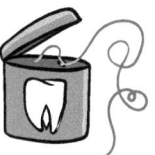

dadadada

le fil dentaire

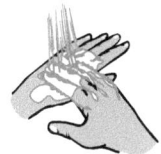

bababa

laver

babababa

la douche manuelle

dadadada

la douche intime

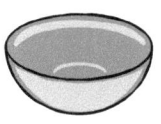

badada

la vasque

dadadada

la brosse dorsale

nom! nom!

le savon

nom! nom!

le gel douche

nom! nom!

le shampooing

babadada

le gant de toilette

dadaba

l'écoulement

nom! nom!

la crème

babababa

le déodorant

dadadada

le miroir

dadadada

le miroir cosmétique

ba

le rasoir

nom! nom!

la mousse à raser

nam! nam!

l'après-rasage

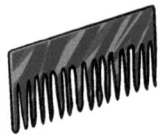

dadababa

la peigne

baba

la brosse

dadadada

le sèche-cheveux

badada

la laque pour cheveux

dadaba

le fond de teint

mama!

le rouge à lèvres

ba

le vernis à ongles

bababa

l'ouate

dadadada

le coupe-ongles

bababa

le parfum

dadadada

la trousse de toilette

bababa

le tabouret

dadadada

le pèse-personne

ba

le peignoir

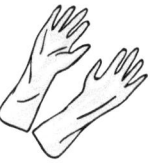

babababa

les gants de nettoyage

ba

le tampon

bababa

s serviettes hygiéniques

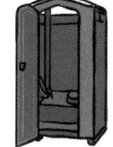

baba

la toilette chimique

meina

la chambre d'enfant

bababa
le réveil
bababa
le doudou
auto
la voiture jouet
dadadada
le hochet
bababa
la maison de poupée
babababa
le cadeau

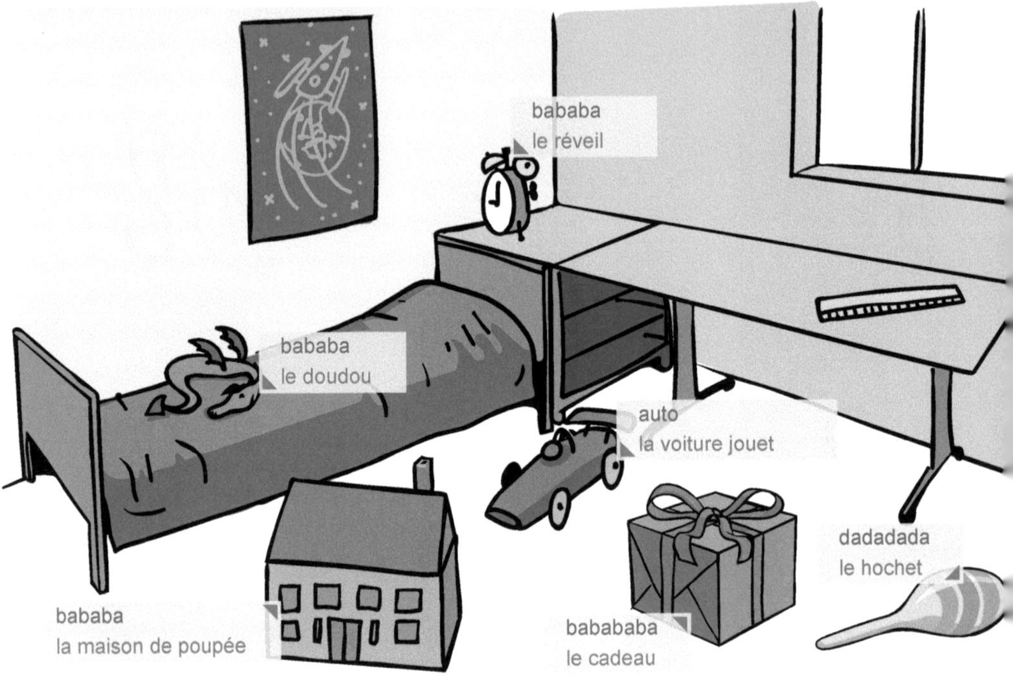

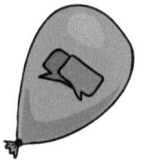

dadadada

le ballon

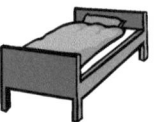

heia!

le lit

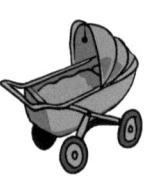

dadaba

la poussette

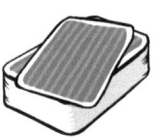

dadababa

le jeu de cartes

bababa

le puzzle

SUPER
MEGA

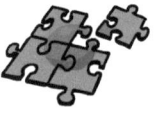

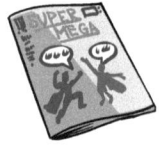

dadababa

la bande dessinée

badada

les pièces lego

badada

les blocs de construction

dada

la figurine

dadadada

la grenouillère

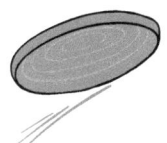

dadaba

le frisbee

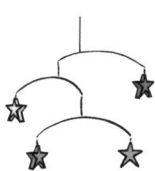

dadaba

le mobile

ba

le jeu de société

baba

le dé

dadababa

le train miniature

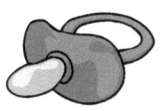

lula

la sucette

baba

la fête

dadaba

le livre d'images

dada

la balle

dada

la poupée

badada

jouer

dadaba

le bac à sable

babababa

la balançoire

dadababa

les jouets

dadaba

la console de jeu

babadada

le tricycle

dadababa

l'ours en peluche

dadaba

l'armoire

baba

les vêtements

dadadada

les chaussettes

ba

les bas

dada

le collant

bababa
l'écharpe

dadababa
la ceinture

bababa
le parapluie

badada
le t-shirt

ba
les baskets

baba
les bottes

baba
les pantoufles

bababa

les sandales

badada

les chaussures

dada

les bottes de caoutchouc

ba

les sous-vêtements

baba

le soutien-gorge

dadadada

le maillot de corps

badada

le body

ba

le pantalon

bababa

le jean

dada

la jupe

bababa

le chemisier

dadadada

la chemise

baba

le pull

baba

le sweat à capuche

babadada

la veste

baba

la veste

bababa

le manteau

dadababa

l'imperméable

bababa

le costume

ba

la robe

dadaba

la robe de mariée

dadadada

le costume

babababa

la chemise de nuit

heia

le pyjama

baba

le sari

dadadada

le foulard

dada

le turban

dada

la burqa

baba

le caftan

dadadada

l'abaya

wasa

le maillot de bain

bababa

le maillot de bain

dadababa

le short

babababa

la tenue d'entraînement

baba

le tablier

babababa

les gants

dadaba

le bouton

babadada

les lunettes

dada

le bracelet

dadababa

le collier

bababa

la bague

dadababa

la boucle d'oreille

dada

le bonnet

babadada

le cintre

dadababa

le chapeau

bababa

la cravate

badada

la fermeture éclair

dadaba

le casque

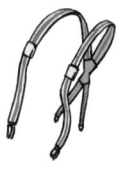

dada

les bretelles

babadada

l'uniforme scolaire

bababababa

l'uniforme

namnam

le bavoir

lula

la sucette

kaka!

la lange

baba

le bureau

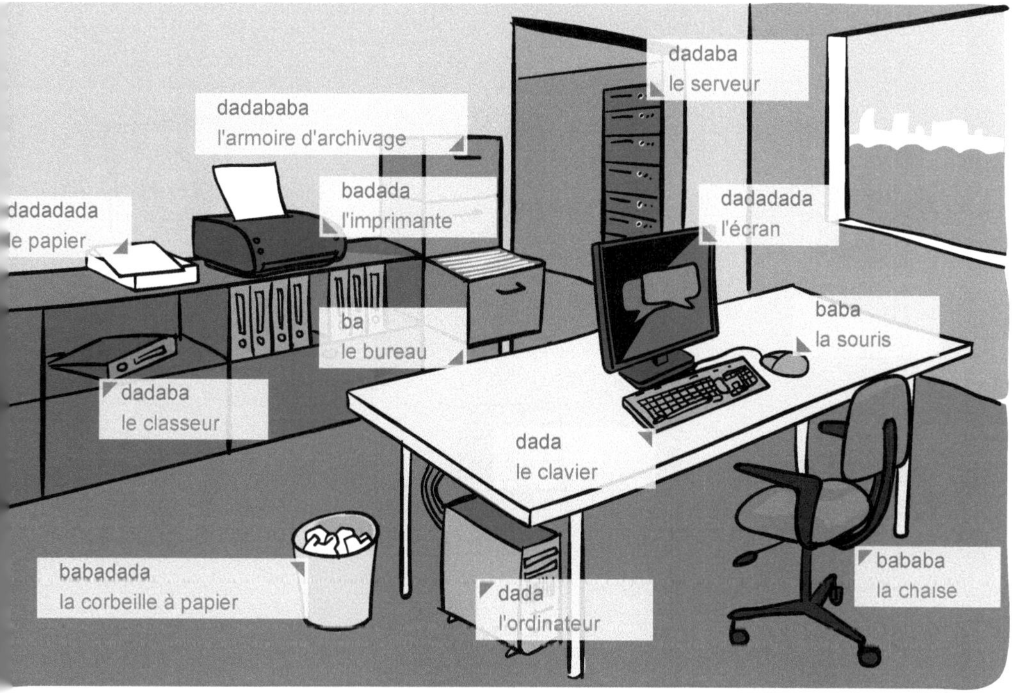

dadaba
le serveur

dadababa
l'armoire d'archivage

badada
l'imprimante

dadadada
l'écran

dadadada
le papier

ba
le bureau

baba
la souris

dadaba
le classeur

dada
le clavier

babadada
la corbeille à papier

dada
l'ordinateur

bababa
la chaise

dada

la tasse de café

bababa

la calculatrice

da da

l'internet

papa!

l'ordinateur portable

dadababa

la lettre

ba

le message

fon

le portable

bababa

le réseau

ba

la photocopieuse

bababa

le logiciel

dada bing

le téléphone

aua!

la prise

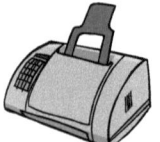

bababa

le fax

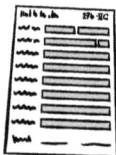

dadaba

le formulaire

bababa

le document

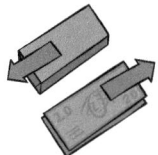

baba

acheter

dadadada

payer

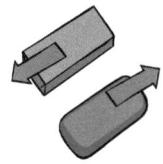

dadaba

faire du commerce

badada

la monnaie

babadada

le dollar

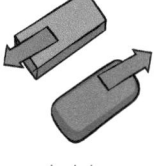

dadaba

l'euro

bababa

le yen

ba

le rouble

dada

le franc suisse

dada

le renminbi yuan

ba

la roupie

ba

le distributeur automatique

dadadada

le bureau de change

dadadada

l'or

baba

l'argent

dadadada

le pétrole

ba

l'énergie

dadadada

le prix

baba

le contrat

bababa

la taxe

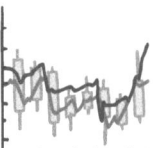

dadadada

l'action

dadaba

travailler

dadadada

l'employé

dadababa

l'employeur

dadaba

l'usine

ba

le magasin

ba

les professions

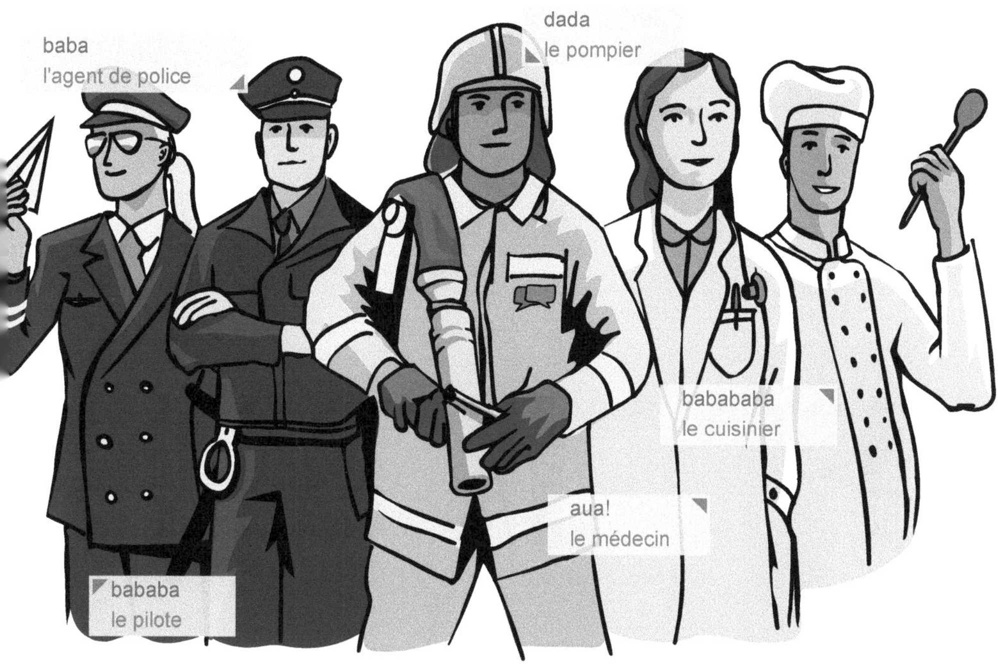
baba
l'agent de police
dada
le pompier
babababa
le cuisinier
aua!
le médecin
bababa
le pilote

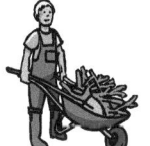

bababa

le jardinier

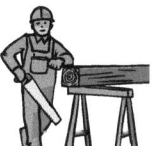

bababa

le menuisier

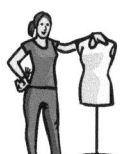

baba

la couturière

bababa

le juge

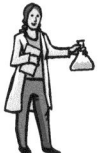

dadaba

le chimiste

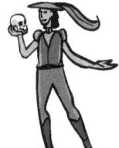

dadababa

l'acteur

ba

le conducteur de bus

auto mann

le chauffeur de taxi

bababa

le pêcheur

dadadada

la femme de ménage

dadadada

le couvreur

dadadada

le serveur

badada

le chasseur

dadadada

le peintre

dadababa

le boulanger

papa!

l'électricien

babababa

l'ouvrier

bababa

l'ingénieur

dadababa

le boucher

dadadada

le plombier

bababa

le facteur

dadadada

le soldat

ba

l'architecte

dadaba

le caissier

bababa

le fleuriste

babadada

le coiffeur

bababa

le contrôleur

dadaba

le mécanicien

dada

le capitaine

badada

le dentiste

ba

le scientifique

bababa

le rabbin

dadaba

l'imam

dada

le moine

dadadada

le prêtre

dada
les outils

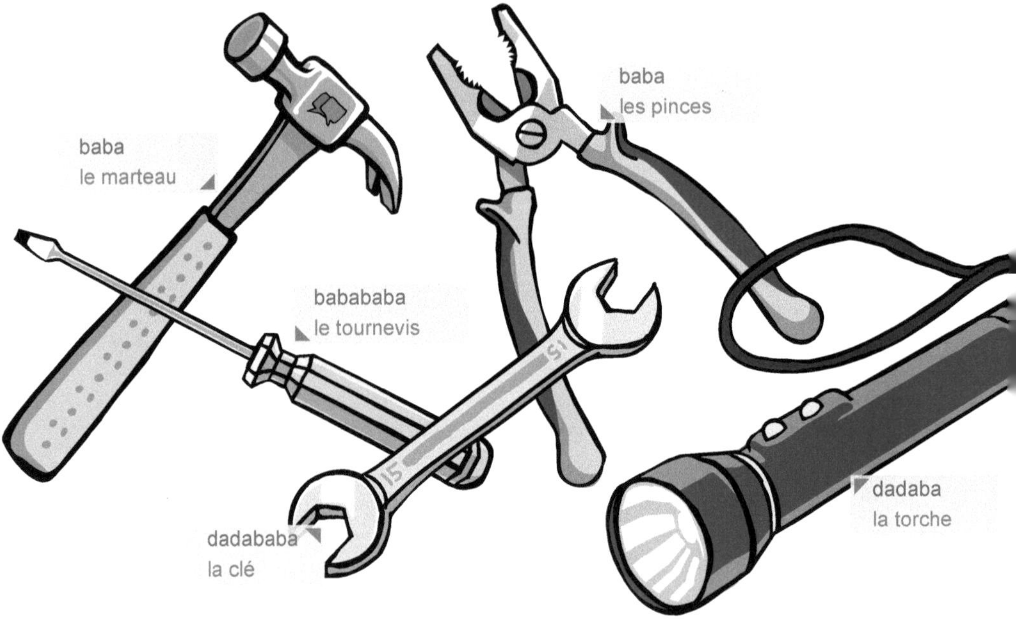
baba
les pinces
baba
le marteau
babababa
le tournevis
dadababa
la clé
dadaba
la torche

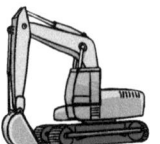

dadaba

la pelleteuse

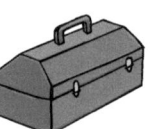

baba

la boîte à outils

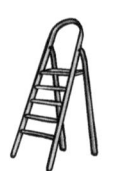

babababa

l'échelle

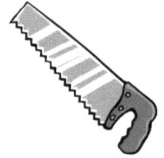

dadaba

la scie

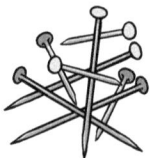

babadada

les clous

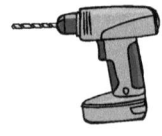

dada

la perceuse

dadababa
réparer

dada
la pelle

aua!
Mince !

dada
la pelle

dadaba
le pot de peinture

bababababa
les vis

bababa
les instruments de musique

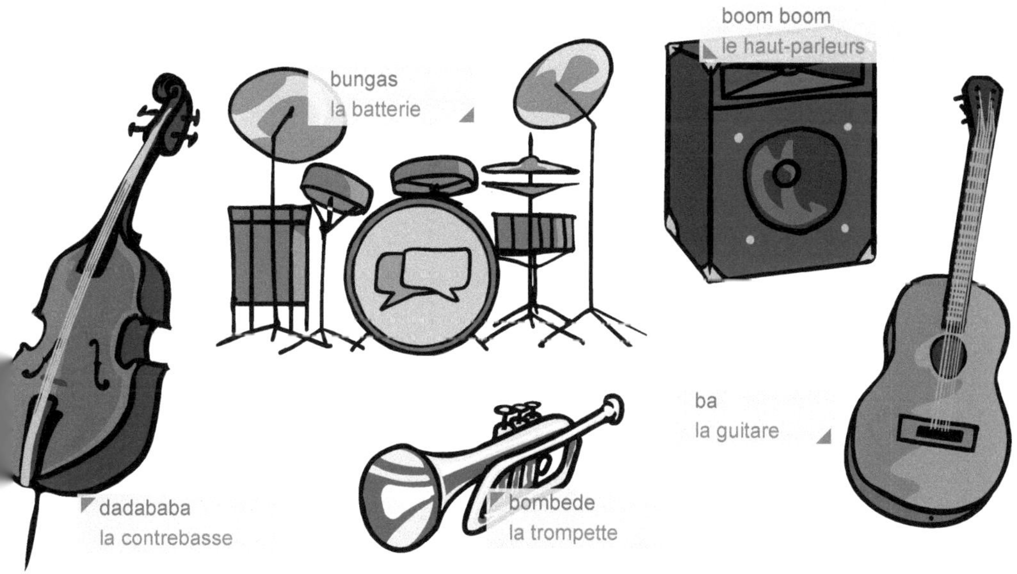

boom boom
le haut-parleurs

bungas
la batterie

ba
la guitare

dadababa
la contrebasse

bombede
la trompette

bingbing

le piano

bababa

le violon

ba

la basse

badada

les timbales

bunga bunga

le tambour

badada

le piano électrique

dadababa

le saxophone

dadababa

la flûte

dadadada

le microphone

bababa
le zoo

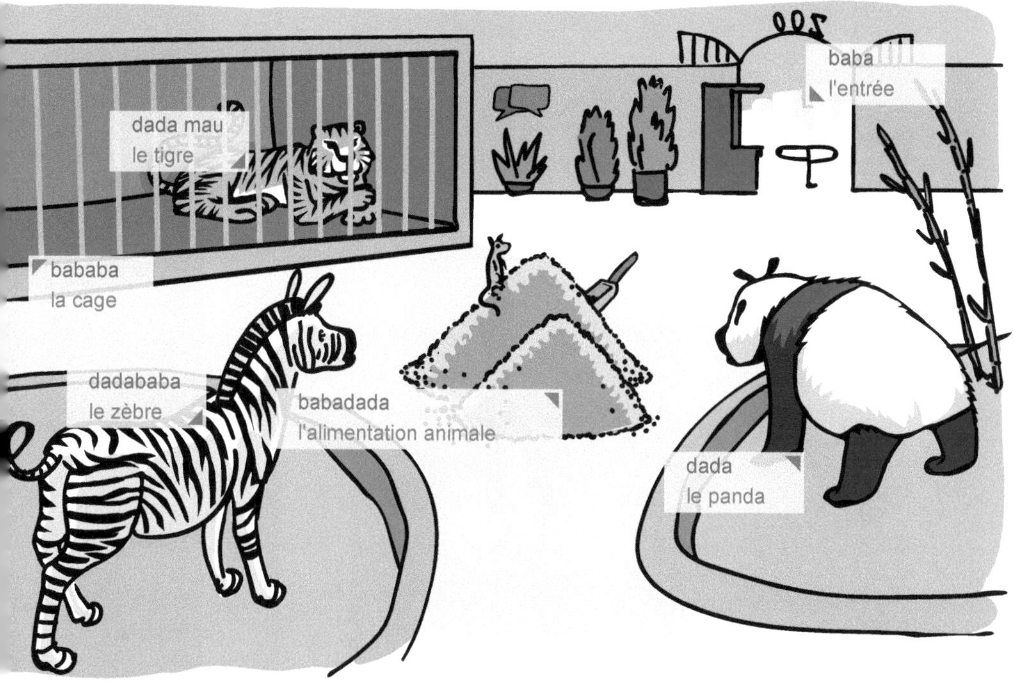
dada mau
le tigre
bababa
la cage
dadababa
le zèbre
babadada
l'alimentation animale
dada
le panda
baba
l'entrée
zoo

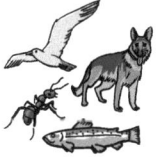

dadadada
les animaux

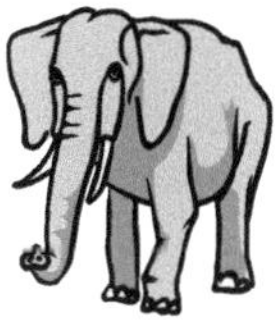

bababa
l'éléphant

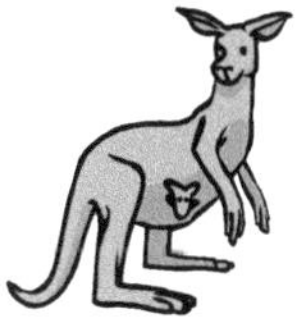

dadaba
le kangourou

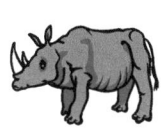

babadada
le rhinocéros

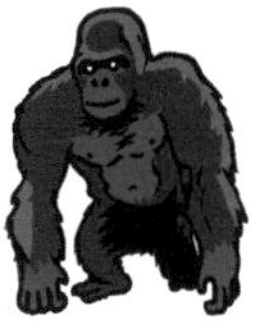

dada
le gorille

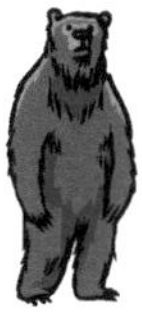

babababa
l'ours

dadaba

le chameau

gackgack

l'autruche

babadada

le lion

dadaba

le singe

gackgack

le flamand rose

bababa

le perroquet

bababa

l'ours polaire

dada

le pingouin

bababa

le requin

dadaba

le paon

badada

le serpent

babababa

le crocodile

dadadada

le gardien de zoo

dada

le phoque

bababa

le jaguar

ei!

le poney

dadadada

le léopard

dada

l'hippopotame

babababa

la girafe

bababa

l'aigle

babadada

le sanglier

nom nom!

le poisson

dadadada

la tortue

anje

le morse

dadadada

le renard

bababa

la gazelle

dadababa
l'american Football

dadaba
le cyclisme

bum bum
le tennis

ball
le basket-ball

badada
la natation

aua!
la boxe

baba
le hockey sur glace

dadadada
le football

badada
le badminton

dadababa
l'athlétisme

ball
le handball

dadadada
le ski

baba
le polo

dadadada
les activités

dada
sauter
bababa
embrasser
baba
rire
dadababa
chanter
dada
marcher
dadababa
rêver
dadadada
prier
mama!
faire la bise

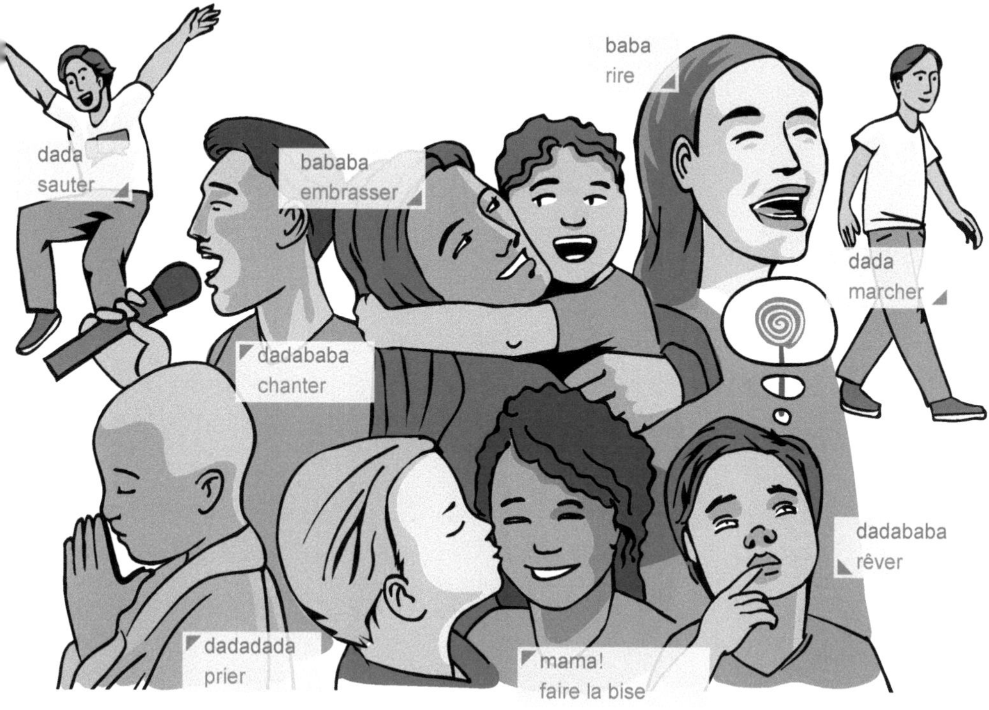

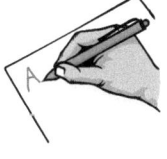

dadaba
....
écrire

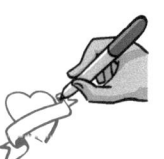

dada
....
dessiner

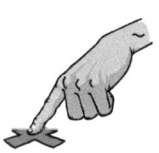

dadababa
....
montrer

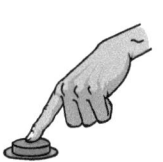

dada
....
pousser

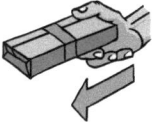

badada
....
donner

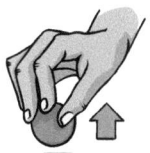

dadaba
....
prendre

dadaba

avoir

dadadada

faire

babadada

être

dadadada

être debout

baba

courir

dadababa

trier

dadadada

jeter

dadaba

tomber

badada

être couché

dadaba

attendre

bababa

porter

ba

être assis

dadababa

s'habiller

heia!

dormir

bababa

se réveiller

bababa

regarder

baaaaaa

pleurer

dadadada

caresser

bababa

peigner

bababa

parler

baba

comprendre

badada

demander

dadababa

écouter

bababa

boire

nomnom!

manger

badada

ranger

ba

aimer

badada

cuire

dadababa

conduire

dadadada

voler

dadababa

faire de la voile

dadababa

calculer

dadadada

lire

dadababa

apprendre

dadaba

travailler

baba

se marier

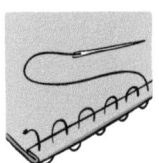

dada

coudre

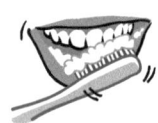

aua!

brosser les dents

aua!

tuer

dadababa

fumer

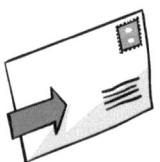

babababa

envoyer

na!
grand-mère

opa!
le grand-père

papa!
le père

mama!
la mère

bebi
le bébé

ba
la fille

badada
le fils

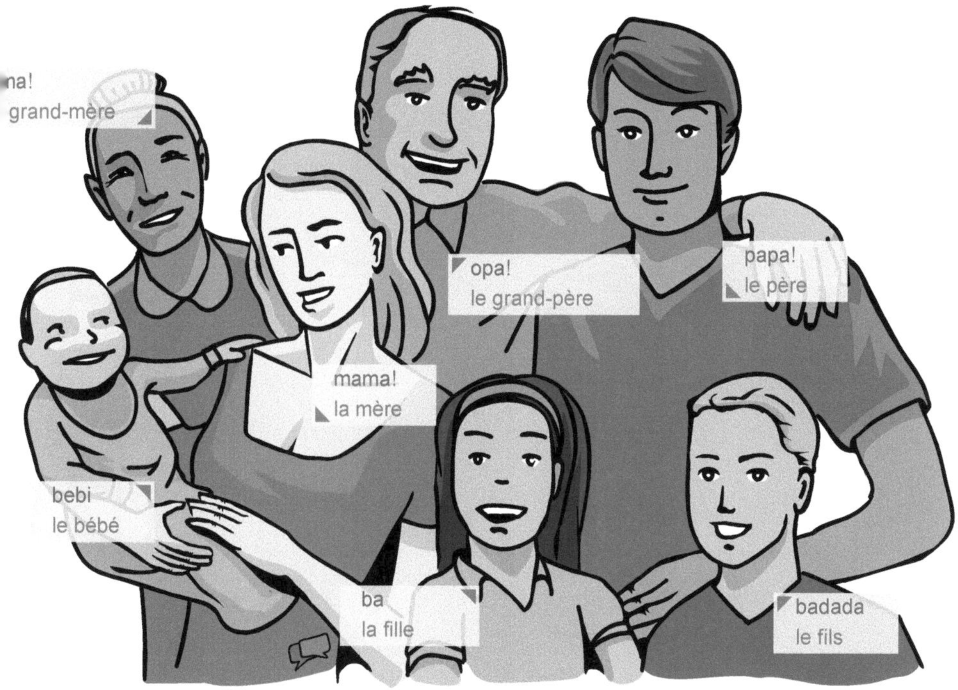

baba

l'hôte

ba

la tante

bababa

l'oncle

nein!

le frère

nein!

la sœur

dadababa

le corps

bababa
le front
dada
l'œil
bababa
l'épaule
dada
le doigt
dada
le visage
dadababa
le menton
baba
la main
dadaba
la jambe
da
la poitrine
bababa
le bras

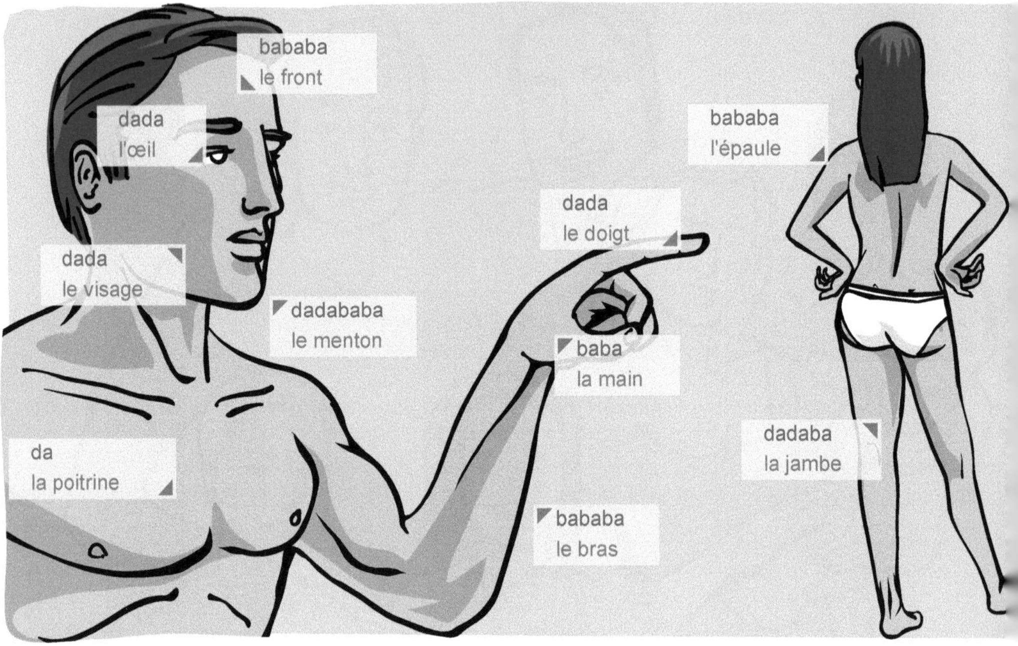

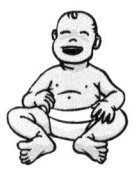

bebi

le bébé

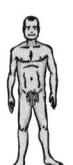

papa!

l'homme

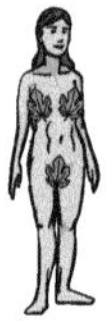

mama

la femme

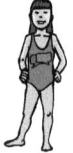

baba

la fille

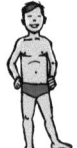

babadada

le garçon

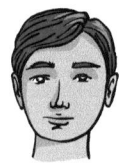

bababa

la tête

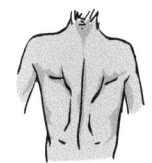

baba

le dos

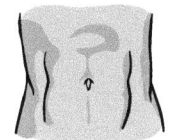

dadababa

le ventre

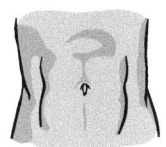

dada

le nombril

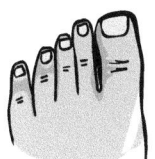

dadababa

l'orteil

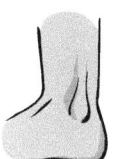

ba

le talon

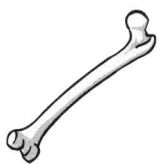

badada

l'os

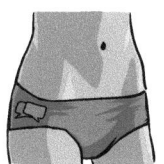

bababa

la hanche

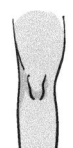

dada

le genou

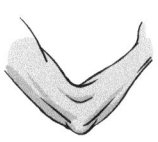

dadadada

le coude

bababa

le nez

popo

les fesses

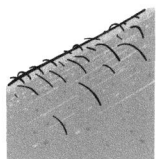

dadaba

la peau

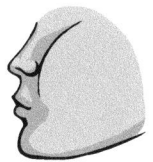

badada

la joue

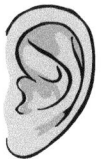

dada

l'oreille

babababa

la lèvre

dadababa

la bouche

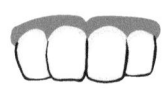

dadadada

la dent

baba

la langue

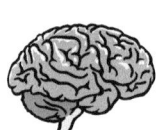

dadadada

le cerveau

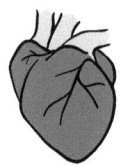

baba

le cœur

dada

le muscle

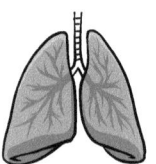

dada

les poumons

dada

le foie

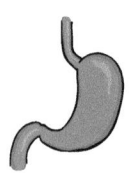

dadababa

l'estomac

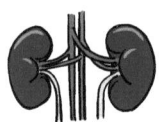

dadaba

les reins

babadada

le rapport sexuel

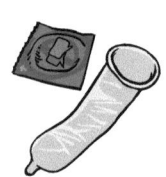

dada

le préservatif

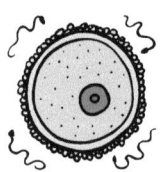

badada

l'ovule

dadababa

le sperme

dadababa

la grossesse

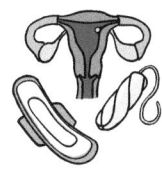

ba
....

la menstruation

mumu
....

le vagin

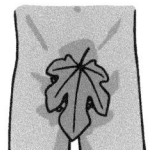

pipi
....

le pénis

dada
....

le sourcil

dadababa
....

les cheveux

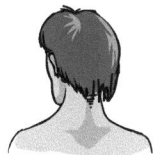

bababa
....

le cou

aua!
l'hôpital

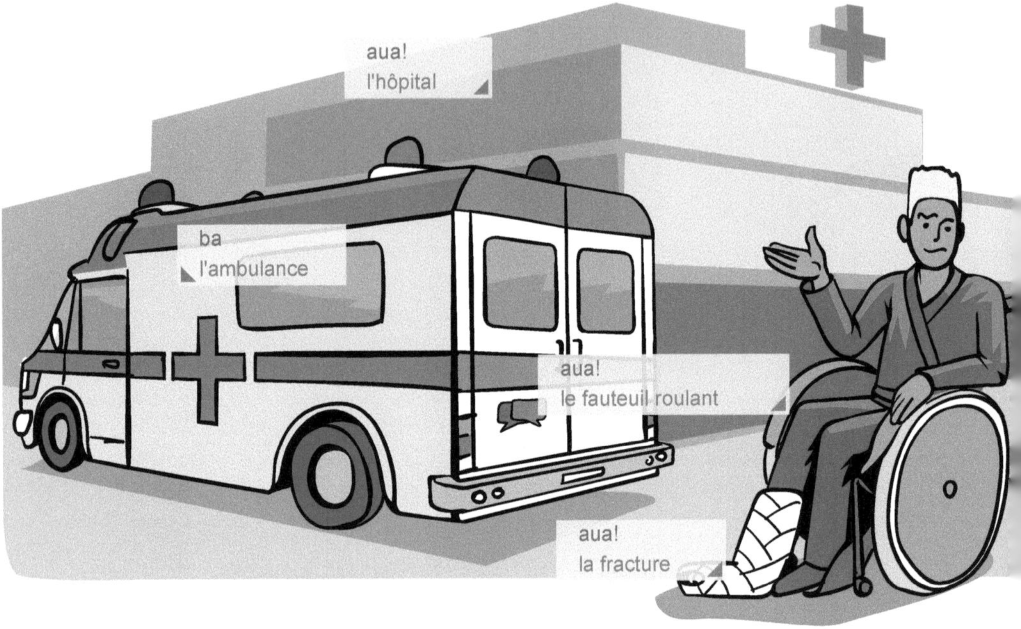

ba
l'ambulance

aua!
le fauteuil roulant

aua!
la fracture

aua!

le médecin

aua!

le service des urgences

aua!

l'infirmière

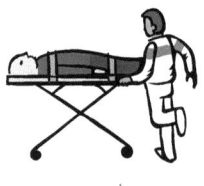

aua!

l'urgence

aua!

inconscient

dadababa

la douleur

aua!

la blessure

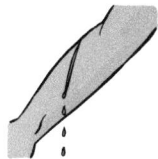

dadadada

l'hémorragie

aua!

la crise cardiaque

aua!

l'attaque cérébrale

dadababa

l'allergie

aua!

la toux

aua!

la fièvre

aua!

la grippe

aua!

la diarrhée

aua!

le mal de tête

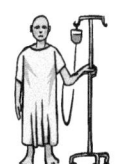

aua!

le cancer

aua!

le diabète

aua!

le chirurgien

aua!

le scalpel

aua!

l'opération

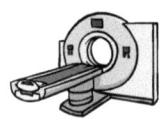

aua!

le CT

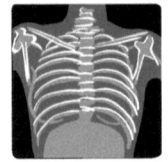

aua!

la radiographie

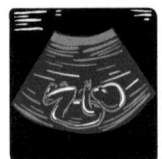

aua!

l'échographie

aua!

le masque

aua!

la maladie

aua!

la salle d'attente

aua!

la béquille

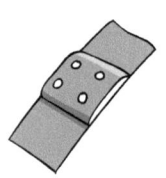

aua!

le pansement

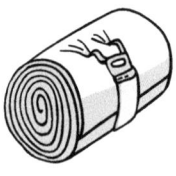

dadababa

le pansement

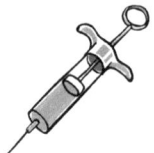

aua!

l'injection

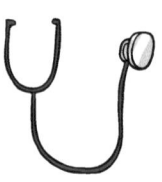

aua!

le stéthoscope

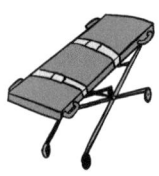

aua!

le brancard

aua!

le thermomètre

aua! bebi!

l'accouchement

aua!

la surcharge pondérale

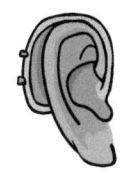

aua!

l'appareil auditif

aua!

le désinfectant

aua!

l'infection

aua!

le virus

aua!

le VIH / le sida

aua!

le médicament

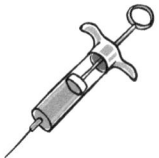

aua!

la vaccination

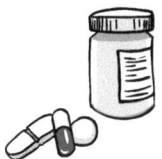

aua!

les comprimés

dadaba

la pilule

aua!

l'appel d'urgence

aua!

le tensiomètre

da / ba

malade / sain

aua!

Au secours !

aua!

l'alarme

aua!

l'assaut

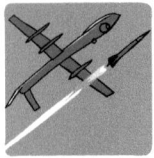

aua!

l'attaque

aua!

le danger

dadadada

la sortie de secours

dadaba

Au feu!

dadaba

l'extincteur

aua! aua!

l'accident

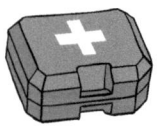

aua!

la trousse de premier
secours

baba

SOS

dadadada

la police

badada

l'Europe

dadaba

l'Amérique du Nord

dadababa

l'Amérique du Sud

dadaba

l'Afrique

dadaba

l'Asie

babababa

l'Australie

badada

l'Océan atlantique

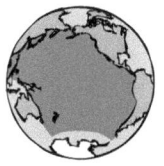

dadaba

l'Océan pacifique

baba

l'Océan indien

bababa

l'Océan antarctique

dadababa

l'Océan arctique

bababa

le Pôle nord

dadababa

le Pôle sud

dadaba

l'Antarctique

dada

la terre

dadaba

le pays

badada

la mer

dadadada

l'île

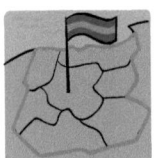

dadadada

la nation

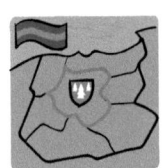

dadababa

l'état

baba

le cadran

babadada

l'aiguille des heures

baba

l'aiguille des minutes

bababa

l'aiguille des secondes

dadababa

Quelle heure est-il ?

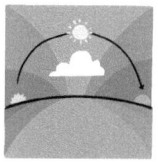

babadada

le jour

dada

le temps

baba

maintenant

dadababa

la montre digitale

dadababa

la minute

bababa

l'heure

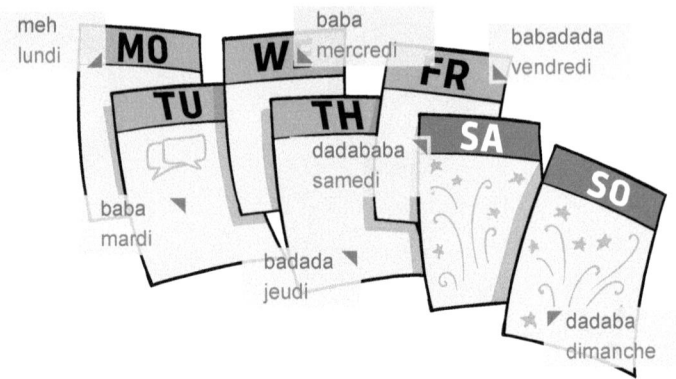

meh
lundi

baba
mercredi

babadada
vendredi

baba
mardi

dadababa
samedi

badada
jeudi

dadaba
dimanche

dadadada

hier

dadababa

aujourd'hui

dadaba

demain

baba

le matin

baba

le midi

dadadada

le soir

dada

les jours ouvrables

baba

le week-end

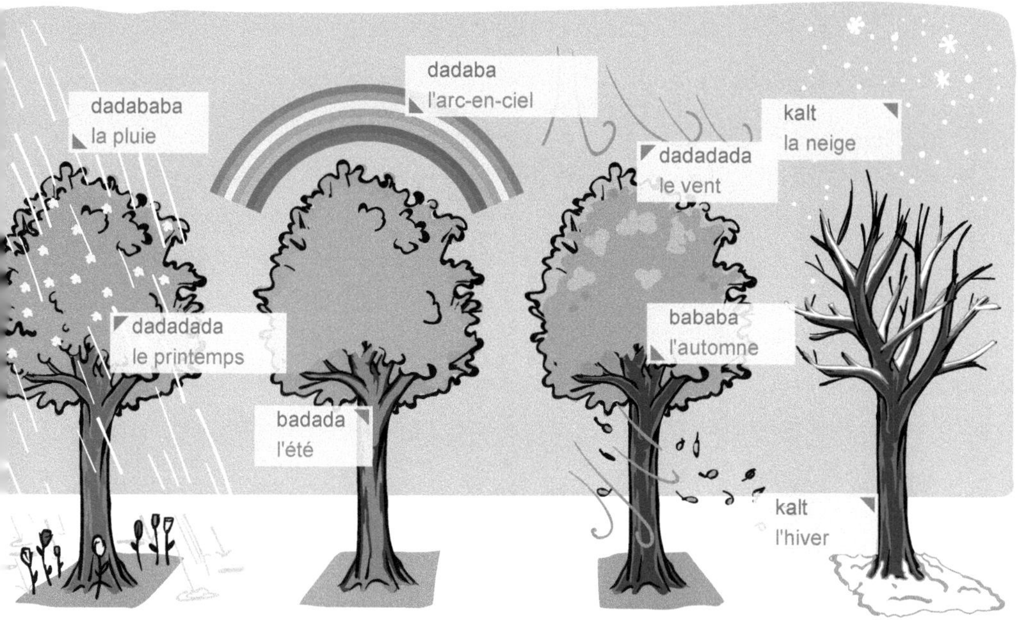

dadababa
la pluie
dadaba
l'arc-en-ciel
kalt
la neige
dadadada
le vent
dadadada
le printemps
bababa
l'automne
badada
l'été
kalt
l'hiver

4.APRIL 11°
5.APRIL 4°
6.APRIL 13°
7.APRIL 8°
8.APRIL 10°

dadababa
....
la météo

F
C
120
90
60
30
0
-30
40
30
20
10
0
-10
-20

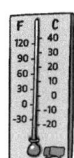

bababa
....
le thermomètre

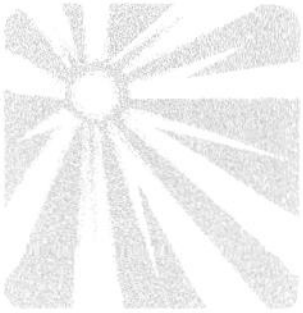

ba
....
la lumière du soleil

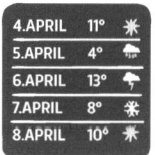

baba
....
le nuage

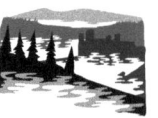

dadadada
....
le brouillard

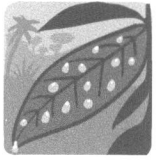

dada
....
l'humidité

dadababa

la foudre

dada

la tonnerre

badada

la tempête

dadababa

la grêle

bababa

la mousson

dadaba

l'inondation

dadadada

la glace

dadaba

janvier

dadaba

février

bababa

mars

dadadada

avril

dadadada

mai

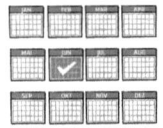

b4babababa

juin

baba

juillet

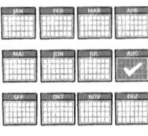

bababa

août

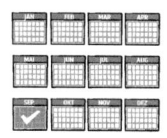

dadadada
....
septembre

badada
....
octobre

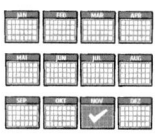

dadababa
....
novembre

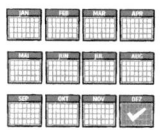

baba
....
décembre

dadababa
les formes

baba
....
le cercle

badada
....
le carré

dadababa
....
le rectangle

babababa
....
le triangle

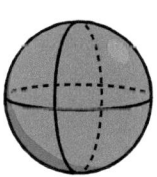

dadadada
....
la sphère

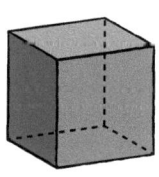

babababa
....
le cube

dadababa
....
blanc

babababa
....
jaune

baba
....
orange

dadadada
....
rose

babadada
....
rouge

dadababa
....
violet

dadadada
....
bleu

ba
....
vert

baba
....
marron

bababa
....
gris

badada
....
noir

da / ba

beaucoup / peu

da / ba

fâché / calme

da / ba

joli / laid

da / ba

le début / la fin

da / ba

grand / petit

da / ba

clair / obscure

da / ba

frère / soeur

da / ba

propre / sale

da / bada

complet / incomplet

da / ba

le jour / la nuit

da / ba

mort / vivant

da / ba

large / étroit

da / ba
comestible / incomestible

da / ba
méchant / gentil

ba / ba
excité / ennuyé

da / ba
gros / mince

ba / ba
le premier / le dernier

da / bada
l'ami / l'ennemi

da / ba
plein / vide

da / ba
dur / souple

da / ba
lourd / léger

da / bada
faim / soif

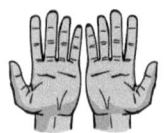

da / ba
malade / sain

da / ba
illégal / légal

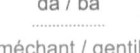

da / ba
intelligent / stupide

ba / ba
gauche / droite

da / ba
proche / loin

da / bada

nouveau / usé

da / ba

rien / quelque chose

ba / ba

vieux / jeune

da / ba

marche / arrêt

da / ba

ouvert / fermé

da / ba

faible / fort

ba / ba

riche / pauvre

da / ba

correct / incorrect

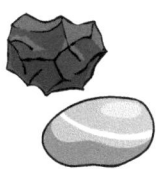

da / ba

rugueux / lisse

ba / ba

triste / heureux

da / ba

court / long

da / ba

lent / rapide

da / bada

mouillé / sec

da / bada

chaud / froid

da / ba

la guerre / la paix

0

dada

zéro

1

a

un / une

2

ba

deux

3

da ba da

trois

4

badabada

quatre

5

dadababa

cinq

6

dadaba

six

7

badada

sept

8

dadababa

huit

9

dadaba

neuf

10

dadadada

dix

11

badada

onze

12
baba

douze

13
bababa

treize

14
baba

quatorze

15
babadada

quinze

16
dadababa

seize

17
babababa

dix-sept

18
dadababa

dix-huit

19
bababa

dix-neuf

20
dadababa

vingt

100
baba

cent

1.000
baba

mille

1.000.000
dadababa

le million

baba

l'anglais

babadada

l'anglais américain

dadababa

le chinois mandarin

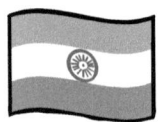

ba

le hindi

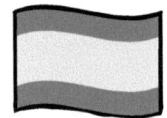

badada

l'espagnol

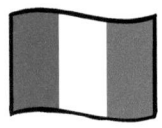

ohlala

le français

babadada

l'arabe

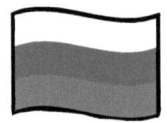

dadaba

le russe

dada

le portugais

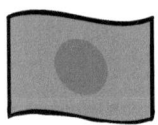

dadadada

le bengali

badada

l'allemand

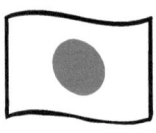

dadadada

le japonais

a
....
je

dadadada
....
tu

da / da / da
....
il / elle / ce, c', cela

o ba ma
....
nous

babababa
....
vous

baba
....
ils / elles

dadadada
....
Qui ?

dadadada
....
Quoi ?

baba
....
Comment ?

babababa
....
Où ?

babadada
....
Quand ?

dadaba
....
le nom

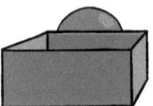

baba
- - - - - - - - - -
derrière

dadaba
- - - - - - - - - -
dans

baba
- - - - - - - - - -
devant

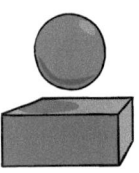

ba
- - - - - - - - - -
au-dessus

baba
- - - - - - - - - -
sur

dadababa
- - - - - - - - - -
en-dessous

babababa
- - - - - - - - - -
à côté de

ba
- - - - - - - - - -
entre

dada
- - - - - - - - - -
le lieu